AF312981

V.-E VEUCLIN

Correspondant du Comité des Sociétés des Beaux-Arts, etc., lauréat de Sociétés savantes.

GLANES HISTORIQUES

SUR LE

Canton de Brionne

BERNAY
IMPRIMERIE E. VEUCLIN
1890

(50)

CANTON DE BRIONNE

ACLOU

1650. Premier registre paroissial et des comptes du « thésaur Monsieur Sainct Remy. » Refaçon des cloches.

1662. Tailles : 722 l. 13 s., sans les 6 d. pour livre. — 1663. 703 l.

1661. Jean de Folleville marié à Angelique de Beton, fille du seigneur de Fontaine-la-Soret. — Nombreux actes à Aclou où habitent les de Folleville.

21 juin 1693. Nomination de 2 collecteurs pour faire la « cueilte » de la somme de 26 l. et 2 sols pour livre, à laquelle les paroissiens ont été taxés.

11 janv^r 1694. Angelique de Beton, épouse de feu Jean de Folleville, écuyer, s^r de la Garenne, inhumée devant le crucifix, proche la tombe de son mari.

14 oct. 1696. Délibération pour la construction d'un contretable et autel au chœur et une sacristie. Pour reconnaître en quelque façon les grands soins et le zèle du curé, Mr Jean Duchesne, les paroissiens consentent qu'il enclose en son presbytère une petite portion du cimetière, environ d'une perche...

20 févr^r Conformément au mandement, les paroissiens nomment tous les hommes non mariés (10) capables de porter les armes pour le service de Sa Majesté dans ses milices.

— 5 —

20 sept. 1706. Nicolas Désportés, curé, 58 ans, est inhumé dans le cimetière.

1709. Cotisation des pauvres.

1er juillet 1737. Me Pierre Delacour, s^s-diacre, originaire de St-Cy, 29 ans, inhumé dans le chœur. — Delacour, curé.

7 avril 1749. Jean Lesueur, 36 ans, vicaire d'Aclou depuis 10 ans, inhumé dans le chœur par François Vochelet, vicaire d'Hecmanville...

1750. Journal de recettes des Rentes seigneuriales de la paroisse d'Aclou.

1784. Procès entre les habitants et Mre Joseph de Gascey, abbé..., sgr et patron de la paroisse, à propos du boisseau des redevances de la seigneurie. — 1787. Mémoire imprimé pour les vassaux protestataires.

17 juin 1791. Registre des délibérations — Jacques Vochelet est proposé pour tenir les petites Ecoles de la fondation Chapel, pour 6 l. par mois.

1859. Erection, par souscription, d'un calvaire sur la friche communale, lequel remplace, presque au même endroit, celui qui existait avant la Révolution et qui avait été enlevé pour éviter qu'il ne fût profané et mutilé. M. Auvray, maire, donne l'arbre du nouveau calvaire ; la souscription produit 111 fr. 95.

1859. La tombe de Messieurs les curés, dans le chœur de l'église, est explorée par M. Métayer-Masselin.

LE BEC-HELLOUIN

1583. Premier registre paroissial,

1584. Abjuration entre les mains de Mre Anthonin Corbelin, pbre doyen du Bourgtheroude.

Pasquet   fut tué en la sablonnière, le 6 avril 1594,

Le mercredy 23e jo^r de juing 1599, veille mons^r S. Jehan Baptiste après vespres, mons^r le curé et moy avons eu ensemble quelque murmure touchant le bénéfice, de sorte que led/ curé a voulu reprendre sond. bénéfice ce que je luy ay cédé spontanément,

Le 29e jour de mars 1611, possession a esté prinse par moy Jehan Lecoq, pbre, du bénéfice du Bec-Hellouin par la remise qui en a esté faicte par Me Michel Pépin pbre, mon oncle, entre les mains de domp Nicollas Garin relygyeux et grand-vicaire de messire Dominicque de Vic abbé de l'abbaye dud. lieu, et fust   par domp François Busson grand prieur et official en lad. abbaye, et mis en posse p ar iceluy et au bien du revenu dud. bénéfice présence dud. Pepin, domp Jehan Le Trisan s^e-prieur, domp Pierre Boupin tiers prieur, domp Jehan Le Monnier, domp Louis de la Monardière, tous religieux, et ... Me Grégoire Du Clos, Me Louys Lanyel, pbres, noble homme Le Sieur de la Cumbe, Monsr du Gruchet, Le Syeur Balue syeur Daucel, Me Estienne Le Febure lieutenant, Me Pierre Prieur, greffier et autres notables...

1614. Michel Pépin, pbre, cy-devant curé du lieu, décédé.

1637. Thomas Lescureur, curé.

1664. Nicolas Chéron père et fils, tabellions au Bec. — La croix du Bosc-Robert donnée par un Chéron, du Bec. — Jean Rigault & Guillaume Thouret, pbres.

1668. Guillaume Lescurel, curé. — Hôtellerie où pend le « Lion verd. »

8 mars 1700. Devant Lanfranc Pinard, prêtre, maistre ès arts gradué en l'Université de Caen et curé du Bec, assemblée des habitants, conformément à l'arrêt du conseil d'Etat, du 26 janvier dernier, et à l'ordonnance de l'Intendance..., pour asseoir, imposer et cueillir la somme de 700 l. sur tous les propriétaires et possédant fonds de terre en icelle paroisse, et être icelle somme employée à payer l'adjudication des réparations, réédifications et antres ouvrages qui sont à faire au presbytère... — Nomination de 2 collecteurs.

8 déc. 1709. 3 collecteurs pour les deniers de la taille pour 1710. — 15 déc. A. pour donner à dérôler et enrôler.

Le 3ᵉ jr d'avril 1716, Pierre-Claude Marette, bourgeois de Rouen et bienfaicteur de l'église du bourg du Bec, est mort en la paroisse d'Autou. Priez Dieu pour son âme.

22 déc. 1719. Mᵉ Lanfranc Pinard, curé, est inhumé dans le chœur, au pied des marches du maître-autel, sous uu costé de la grande pierre du milieu. La ditte

pierre n'ayant pu estre lévée pour sa grosseur...

6 févr 1742. Robin-Michel Guestard, vicaire, 25 ans, inhumé dans l'église.

5 mai 1726. Devant le curé et pour la 3ᵉ fois, est prisée l'herbe du cimetière à paître pour un cheval, à condition de le retirer pendant le service divin les fêtes et dimanches ; adjudication pour 6 l.

27 sept. 1733. Le lin offert à la Ste-Vierge est adjugé pour 1 sol 6 d. la poignée : 2 s. 6 d. en 1744.

1320. Procès-verbal d'arpentage.

29 juin 1788. Registre des délibérations. — Leroux, curé.

1790. Confrérie de Ste-Barbe. — 8 oct. Désunion des esprits ; bénédiction des drapeaux.

22 juin 1791. Arrêté municipal pour, selon l'usage des bourgs et villes, faire mettre une tenture en toile ou en tapisserie chacun devant sa porte les jours de la Fête-Dieu, le dimanche suivant et le jour de l'octave...

3 juillet 1791. Guillaume Duhamel et François Ruel, maîtres d'écoles de ce lieu, prêtent serment en ces termes : « Je jure d'être fidèle à la nation, à la loi et au roi et de maintenir de tout mon pouvoir la Constitution et de ne montrer à mes écoliers d'autre religion que celle que je professe moi-même, qui est la religion catholique, apostolique et romaine. »

14 juillet. — Fête de la Fédération. —

Fouquet ajoute à sa signature : « Sans entendre manquer à la fidélité que je dois à Dieu et au Roi. » Cette mention excite une émeute.

16 oct. Samson Beauvallet est nommé clerc et maître d'école ; pour ses honoraires il sera payé annuellement de la somme de 75 l. par le trésor avec celle de 75 l. sur la fabrique de la charité, et en outre il jouira de la maison du vicariat aussitôt qu'elle sera vacante, et en attendant il jouira du revenu d'icelle, parce qu'il s'oblige d'enseigner gratuitement 3 enfants qui seront attachés à l'église, tant pour la lecture que pour le chant.

9 déc. Il est question d'attroupements de brigands.

23 oct. Serment public dudit maître d'école : « Mes concitoyens, je jure de remplir mes fonctions avec exactitude, d'être fidèle à la nation, à la loy et au roy, de maintenir de tout mon pouvoir la constitution acceptée par le roy, de n'enseigner rien qui soit contraire à ses principes.

25 févr 1792. Défense de sonner la grosse cloche pour inquiéter le public.

18 mars. Défense de troubler l'office divin.

25 mai Inventaire des meubles de l'église.

Au grand autel. — 4 petits chandeliers en cuivre, 2 grands chandeliers égalem' en cuivre. 1 très mauvais devant d'autel Une très petite lampe en c. 1 ciboire en argent très léger. 1 pupitre en bois et son mauvais tapis. 3 mauvais escabeaux.

Dans la sacristie. — 1 soleil très léger en vermeil, 1 bon et 1 mauvais missel. 2 processionnaux. 1 graduel. 1 antiphonier. 1 mortuaire. 1 mauvais encensoir, 1 bénitier en métal de cloche. Une lanterne. Une très mauvaise croix argentée. 1 goupillon en c. Une mauvaise navette aussi en cuivre. Une vieille croix en bois couverte de c., avec le manche d'une autre aussi couvert de cuivre. Une vieille armoire en chêne.

A l'autel S. Laurent. — 2 petits chandeliers en c. Dans le tabernacle, une petite custode légère en argent. 2 mauvais vases en étain pour les saintes huiles. 2 rideaux en indienne. 1 tapis couvrant le dit autel.

A l'autel de la Vierge. 2 petits chandeliers de c. 2 rideaux en indienne et 1 tapis couvrant icelui.

Dans un chapier au bas de l'église. — 5 chasubles complets. Une écharpe en damas. 1 voile pour la croix et différents morceaux pour orner le tabernacle aussi en damas. 5 chapes dont 3 très mauvaises. 1 dais dont le haut est en papier, avec 4 pentes très mauvaises. 17 nappes d'autels. 5 petites nappes de communion. 2 aubes. 5 rochets très mauvais. 1 rideau blanc pour l'image de la Ste-Vierge. 5 chasubles complets servant tous les jours. 5 tuniques. 1 grand rideau de toile bise pour le grand autel. 1 tapis couvrant ledit autel.

Meubles de la Charité. (article spécial.)

A l'image de Ste-Barbe. — 2 rideaux appartenant à la confrérie.

2 juin. L'évêque Lindet doit se rendre le lendemain et y dire la grande messe. La garde nationale y est convoquée.

24 juin. Refus de réduire les cloches.

31 août 1792. Le curé Marette signale l'état de vétusté des ornements de son église et demande à en emprunter à la sacristie de l'abbaye. — Les revenus, très modiques, ne peuvent suffire aux dépenses considérables de la réédification entière de l'église et du presbytère.

19 sept. Les 2 reliquaires de l'abbaye sont transportés à l'église paroissiale.

9 germ. an 2. Démolition de la croix en fer du cimetière sur laquelle existe des fleurs de lys.

17 germinal an 2. Le curé Marette déclare qu'il a cessé ses fonctions il y a un mois ; il remet tout le mobilier.

BERTHOUVILLE

1631. Premier registre paroissial.

1672. Fondation de petites Écoles par M° Jean Le Grix, curé. — Le même donne la chaire à prêcher, le lutrin, etc.

27 mars 1695. Assemblée P., pour faire assiette des mauvais deniers des fourrages assis sur tous les contribuables. 27 l. 10 s. à quoi on trouve se monter les mauvais deniers.

14 juin 1699. Les paroissiens attestent

qu'il y a un colombier dans le manoir sei-
gneurial de Ressencourt ; led. colombier
fort ancien. (12 signatures et une marque)

5 juin 1701. Délibération à propos d'un
enfant exposé, le jour St-Marc, à la porte
de Deschamps ; l'enfant doit être remis
en la paroisse de Carsix où il a été baptisé

1702. Liste des confrères de S. Pierre.

1720. Monitoire publié à la requête de
M. le marquis de Prie.

23 nov. 1738. Nomination de 4 arbitres.

8 déc. 1738. Jacques Filocques, sous-
diacre, est dérôlé. — 21 déc. Jean Filocques est nommé syndic au lieu et place
de Philippe Desmares.

25 août 1743. Réparation au clocher et
à la nef.

21 juin 1785. Messire Louis-Ollivier de
Varin de Beauchamp, écuyer, curé de la
paroisse, mort d'hier, âgé de 67 ans, est
inhumé dans le cimetière, par M. Deriot,
curé de Neuville, en présence des curés
de St-Victor-d'Epine (Le Cordier), de Plas-
nes, d'Hecmanville (Lefebvre), d'Aclou
(Bulet), de St-Cyr (Bernais), de Morsan
(Desfresches). Louis-Jean-Baptiste Mordant, vicaire de Berthouville.

Confrérie de SS. Cosme et Damian.

30 nov. 1724. Fondation.

22 février 1790. La population n'excè-
de pas 700 habitants. — Gallet, curé depuis 5 ans, âgé de 60 ans : la cure vaut
2.000 l. de revenu ; 1 vicaire. — Mre Char-
les-Bastien Le Grix de la Fontelaye, prê-

tre, 40 ans, est titulaire, depuis 8 ans, de la prestimonie ou fondation faite, en 1672 par Mᵣₑ Jean Le Grix, curé. Revenu : 465 l. Il y a obligation : d'acquitter pour le fondateur et ses parents 4 messes chaque semaine ; de tenir les petites écoles des garçons depuis 8 heures dans l'été et depuis 9 heures dans l'hiver, le tout jusqu'à midi ; de chanter l'antienne de la Vierge devant l'autel de la Vierge ; de sonner midi ; d'assister M. le curé dans toutes les offices fêtes et dimanches et premières vêpres des fêtes ; de faire le catéchisme tous les dimanches... La nomination appartient à M. Le Grix de la Fontelaye, frère dudit titulaire.

3 juin 1792. Arrêté municipal sur le bon ordre dans l'église et pendant les offices.

28 oct. Inventaire des objets du culte.

7 sept. Louise Blivet offre d'instruire les jeunes filles.

1792-1794, Comptes communaux.

21 frimaire an XI. Inventaire des meubles de l'église.

1ᵉʳ nivôse 1802. Installation de Jean-Baptiste Mordant, curé.

BOISNEY

21 sept. 1659. Fondation au trésor par Mᵣₑ Charles Amyot, pbre. (Pierre gravée.)

1693. Philippe de Mailloc, curé.

11 juin 1671. Déclaration des chemins qui ont été enfermés. 2 chemins bouchés.

13 févr 1679. Il est apporté au vicaire un enfant mâle trouvé sur le territoire de la paroisse d'Aclou, dans une forge, proche de la mare Picquet.

4 juin 1673. Abjuration.

18 juin 1716 Les frères servants en la confrérie du St-Sacrement nomment un syndic.

23 avril 1754. A la porte du presbytère, 2 habitants trouvent, dans un panier, un enfant femelle avec un papier indiquant qu'il n'était point baptisé ; il est baptisé et envoyé aux Enfants trouvés de Paris.

LE BOSC-ROBERT

5 déc. 1689. Mre André Boissel, maître ès-arts, gradué en l'Université de Paris, curé de cette paroisse, est inhumé par le curé de St-Martin-du-Parc, présence du curé de Malleville et de Me Jean Boissel, curé de St-Aignan de Pont-Audemer.

27 juillet 1772. Jean Castel, curé, 70 ans, est inhumé dans le chœur.

Duchemin, successeur à la cure.

1er jour des sans-culotides an 3e. La municipalité certifie que Jean Duchemin, ministre du culte catholique, a dans tous les temps donné et donne tous les jours des preuves de son patriotisme le plus pur, lequel s'est toujours conformé aux lois.

BRÉTIGNY

10 févr 1743. Les paroissiens, assem-

blés « à l'accoutume », nomment un trésorier comptable, à leurs risques et périls pour cette année présente. — Le lendemain, de nouveau assemblés, les paroissiens déclarent qu'ils entendent que le trésorier, Joseph Racine, nommé la veille ferait faire un coffre-fort fermant à 3 clefs pour mettre et reporter l'argent qui est entre les mains du trésorier comptable ci-devant, que ledit trésorier fera vider dans 2 mois, auquel temps le coffre sera et doit être fait ; entendu cependant que le trésorier de l'année présente ne touchera cet argent, mais fera sommer les susdits trésoriers pour apporter l'argent qu'on mettra au coffre au jour que les paroissiens prendront. (13 signatures.) — 29 décembre. Jacques Courant, trésorier.

28 août 1746. Inhumation dans le cimetière de Neuville, vu l'interdit de l'église Bréligny par rapport aux réparations et réédification de la nef de ladite église.

BRIONNE

1458. Dédicace et consécration de l'église et cimetière de St-Martin, par le R. P. Jean Letourneur, curé de St-Michel de Briosne, en présence de l'abbé du Bec.

1594. St-Martin. Premier registre paroissial.

1594-1622. Thomas Turpin, curé.

1651. Nicolas Vitecoq curé de St-Martin et St-Denis, son secours.

1609. François Morin, vicaire de St-D.

10 août 1691. Jean Lefebvre fait donation de 20 l. à l'église St-M., pour aider à faire la contretable du maître autel.

13 juin 1698. Fondation de 7 l. 14 s. de rente au trésor par Louis Frémont, prêtre bachelier en théologie de la sacrée faculté de Paris, curé de St-M. et de St-Denis, son aide.

1673. Jacques Vorenger, curé.

19 mai 1676. Georges Lefebure, vicaire de l'église succursale de St-Denis, est inhumé en la chapelle de St-Sebastien de l'église paroissiale de St-M.

8 juillet 1676. Boissy, vicaire de St-D.

25 oct. 1683. Visite du grand archidiacre de Rouen. Sur la plainte du curé, il défend au desservant de St-Denis de célébrer en l'église St-Martin aucune messe au préjudice des prêtres habitués, à moins qu'il n'y ait des services où le sieur prêtre soit appelé. — Il défend aussi de faire le pain bénjt en la chapelle St-Michel.

Louis Frémont, curé.

1690. De l'argent du tronc de la Vierge on achète un chasuble de camelot blanc.

1719, Le Cerf, curé. Fossey, desservᵗ de St-Denis.

1720. Inhumation au cimetjère de St-D.

1725. Jacques-Nicolas Gaumont, chapelain du monastère de Briosne.

1727 L. Hue, vicaire et desservant de St-Denis.

17 nov. 1732. Visite du doyen; il y a procès pour la réparation et réédification

du chœur et sous-ailes ; il ordonne que la contretable de la chapelle de la Vierge sera incessamment démontée, attendu que la voûte menace ruine et est prête à crouler ; il n'y a plus de procès pour le cimetière ; le doyen ordonne qu'il sera clos afin qu'on puisse décemment inhumer les corps des défunts. (Le cimetière avait été profané par un st Delimesgue que les habitants avaient poursuivi en justice. Voir un Factum imprimé ; collection V. Daufresné.)

1736. L. Hue, curé de Valleville, puis de Brionne, en 1743.

23 nov. 1743. Assemblée des paroissiens et possédant fond, pour délibérer sur la réparation d'un pilier qui soutient le clocher du côté de la chapelle de la Vierge, et des murailles qui soutiennent ledit clocher du côté de l'escalier.

5 juillet 1744. Les paroissiens nomment des collecteurs pour cueillir la seconde moitié des adjudications de l'église et du presbytère.

1738. Claude Devaux, desservant le bénéfice-cure, puis chapelain du prieuré, en 1759.

18 mai 1730 (Paris). Lettre du prince de Lambesc.

Lundi de la Pentecôte 1758. Présentation, bénédiction et inauguration d'une croix d'argent donnée par le curé et destinée à être mise sur le haut du tabernacle les dimanches et fêtes. Sur le pied et

par derrière cette croix est gravé : Past.
Brionix Hue. 1758.

1778. Mre Bertrand, docteur en théologie, curé. — Mre Jacques-Etienne Nicole,
chapelain de Ste-Marie.

1780. Poupion du Mény, vicaire.

1783. Les Dames de St-Louis. — L'endroit où était le cimetière de N.-D.

1787. Horloge de l'église St-Martin. Payé à Pierre Toussaint, de Salerne, 48 liv.
pour second terme du payement de l'horloge et avoir changé la vue du cadran.

1790. L'église St-Denis sert aux assem-
blées communales.

1791. Bordeaux, vicaire de St-Martin
et desservant de St-Denis. — Perrier et
Marette, vicaires.

9 pluviôse an 13. Pompes à incendie.—
3 foires anciennes.

18 nov. 1808. Césaire Bullet demande à
se faire nommer instituteur primaire pour
Brionne et Valleville. Jusqu'à ce moment
l'instruction de la jeunesse n'a été suivie
constamment par aucun maître d'école ;
il sera rétabli en cette ville une école primaire ; rétribution : 75 c. pour la lecture ;
1 fr. 25 pour l'écriture ; 1 fr. 50 pour le
calcul décimal ; 2 fr. pour la grammaire
et la géographie.

2 mai 1811. Bullet ne s'occupant point
de l'instruction, est destitué et remplacé
par le s^r Quartier.

1812. Refonte de la cloche cassée ; il sera fait 2 cloches pesant 2,000 k. On utili-

sera la cloche de Valleville pesant environ 300 k. — Vente de l'église de Valleville.

Valleville.

1546. Premier registre paroissial. (G.)
1576. Charles Le Caron, curé.

CALLEVILLE

1651. Protestation d'un mari dont la femme est accouchée.

1671. Ordonnance de l'Intendant d'Alençon pour nommer de bons collecteurs et solvables de trois échelles.

10 juillet 1672. Assemblée pour bailler aveu des biens du trésor.

18 mars 1691. Assemblée pour élire et nommer un soldat pour la milice ; 8 paroissiens nomment Alexandre Vicquerey.

— 25 mars. Autre assemblée pour le même sujet ; 4 autres paroissiens nomment un autre milicien.

1er juillet. Conformément à la déclaration du Roi, du 5 juillet 1689, et à l'arrêt du Conseil, du 23 janvier 1691, sur le sujet des Usages, les sindic et principaux habitants déclarent qu'ils n'ont aucunes communes ni droit d'usage.

FRANQUEVILLE

1613. Premier registre paroissial.

20 juillet 1658. Me Robert Follie, procureur au bailliage d'Orbec, donne au trésor 4 pièces de terre, à charge de prières.

8 avril 1695. Pierre Beillard donne 35 livres au trésor. pour 2 hautes messes.

26 janvier 1720. Mr Aulney d'Hersen, garde du roi, fait offre de 100 sols de rente pour la fieffe de la première place de banc devant la chapelle de Ste Catherine qui est au côté gauche de l'église.

8 juin 1748. Madeleine Lecomte veuve de Thomas Legay donne au trésor 4 l. de rente.

1773. Décès de Jacques Bérenger, curé.

1789. Le cahier de remontrances et doléances est des plus énergiques.

1793, Etienne Fleury, né à Paris, le 7 février 1758, est curé constitutionnel ; le 25 ventôse an 2, il épouse Marie-Anne Boivin, âgée de 25 ans, fille d'un cultivateur de Boisney, laquelle ne sait signer. — Il annonce, par une très curieuse lettre, son mariage à la Société populaire de Bernay. - Le 2 germinal, il déclare au maire qu'il désirerait être chargé du soin des écoles primaires, soit dans cette commune soit ailleurs ou l'administration jugera à propos de le placer. Observe le citoyen Fleury que depuis près de 2 ans il a fait ses écoles primaires librement et gratuitement ; tant que la nation fournira, d'une manière ou d'autre, à son absolu nécessaire pour sa femme et pour lui, il continuera à servir la chose publique dans cette partie avec le même zèle et le même désintéressement.

24 germ. an 2. Marie-Magdeleine Du-

friche, femme de Jacques Dautou, est ins-
titutrice.

HARCOURT

1613. Premier registre paroissial.
29 juin 1620. L'évêque confirme.
1650. Maladie contagieuse.
1663. Jacques Fouques, vicaire.
1693. Robequin, vicaire. Martin Mango
prêtre, M° Jean de St-Léger, secrétaire de
M. le comte d'Harcourt.
1694. M. Julien, esc^r, sieur de Leuze,
capitaine du château.
1695, 12 avril. Françoise de Brancas,
princesse d'H., et Mre Jacques Bataille,
abbé commandataire de N.-D.-du-Parc,
nomment l'enfant Pinchon.
1698, 14 avr. La princesse d'H., et Mg^r
François de Lorraine, prince de Montlor,
nomment l'enfant de M° Charles de Saint-
Jean, docteur en médecine à H.
1706, 27 janv^r. Inh. de M° Foucquet, li-
centié aux lois, âgé de viron 34 ans.
1707, 13 juin. Inh. de Xphe Fouques,
curé de la Haye-de-Calleville.
1717, 8 avr. Mre Clément Feydeau, prieur-curé, est inhumé dans le chœur, par
les chanoines réguliers du Parc, en pre-
sence de MM. les prieurs-curés de Rouge-
Periers, d'Ecardenville, de Ste-Colombe,
etc. — Pierre Cotret, vicaire. — Antoine
Roussel, chapelain. — François Pinchon,
sous-diacre. — Louis-Clément Louvel, chanoine régulier de l'abbaye du Parc. —

Casé, prieur-curé d'H., puis Delaplace.

1716, 21 déc. Bénédiction de la grosse cloche, nommée Marie-Louise...

1729. Auberge du Cheval blanc.

1746. 8 oct. Gérard Fouril de la Haye, chanoine régulier et prieur-curé, 64 ans, est inhumé dans lé chœur par le prieur du Parc.

Successeurs : Delariff ; Beaulaton.

1757, 10 juil. Inh. dans l'église, de François Racine, ancien chapelain, 84 ans.

1765, 19 avril. Jeanne-Marie-Renée de Tayrand, dite de la Présentation de Marie, professe de Quimper, supérieure des religieuses hospitalières d'H.

Prises d'habit : 3 nov. 1761. Elisabeth Corde, 29 ans, de Crestot. — 26 janvier 1762. Geneviève Adam ; Marie-Catherine Adam, sœurs, de Craville ; Pierre-Michelle Boulard, de Paris. — Registre des sépultures faites dans le cimetière conventuel, de 1743 à 1775. — 2 nov. 1747. Inh. de Françoise-Marthe Le Pesqueur de Coujon dite Arsène Benoist de St-Xavier, religieuse de chœur, 64 ans, supérieure depuis 1 an 8 ms 19 jrs, en religion depuis 40 ans. — 16 janvr 1761. Inh. de Marie-Margueite Maillet de Friardel, 43 ans, fille de feu M. et Mme de Maillet, sgr de Friardel près Orbec, pensionnaire depuis longues années au monastère d'Harcourt. Jean-Baptiste Parfouru, chapelain. -- 1774 Robert Vallet, chapelain. -- 1776. Sr Françoise Fribourg dite des Anges, supérieure.

Chrétienville.

6 nov. 1752. Inh, de la fille de Jean Rameau, sculpteur à Paris, rue de la Vieille-Monnaie, au Coq couronné.

22 nov. 1762. Inh., dans le chœur, de Jean Bourgeois, curé. 53 ans. — Malandin, vicaire, puis desservant.

1764, juin. Jean-Baptiste Moulis, curé.

1771. Jeanne-Françoise Viger, épouse de M. Chrétien des Ruflais, sgr de Chrétienville.

1786, 13 juin. Mariage de Balthazar-Hercule vicomte de Reveilliax, chevalier, lieutenant-colonel du régiment de Bourgogne-cavalerie, de la paroisse de Mont-Gardin, diocèse d'Embrun, avec Julie-Louise-Marie Derneville, fille de Jean-Baptiste marquis d'Erneville, chevalier, sgr de Chrétienville, et de Henriette-Julie de Grieu, Mariage célébré par Charles-Hyppolite Alexandre de Revilliax, prévôt, chanoine et vicaire général du diocèse de Soissons

23 therm^r an 3. Moulis, curé, est dénoncé. — Les habitants protestent contre leur réunion à Champ-Social (Harcourt.)

13 août 1745. Inh. d'une religieuse, 74 ans 1[2, morte de maladie contagieuse

LA HAYE-DE-CALLEVILLE

21 juin 1649. Donation par le curé à la confrérie du St-Rozaire. Charles Barré, vicaire, natif de Rouge-Perriers.

HECMANVILLE

20 sept.ᵉ 1782. Parfait Amour Hellouin de Menibus d'Alencour, 54 ans, curé, est inhumé dans le cimetière, par Louis-Olivᵗ de Beauchamp, doyen de Bernay et curé de Berthouville, présence de Bertrand, curé de Brionne; Pinsier, curé de Brétigny; Tulou, curé de St-Cir.

11 janvᵗ 1792. Lefebvre, curé, se plaint au procureur-syndic d'être persécuté ; en février, il est curé de Barville.

An 3. Plan de la commune levé par Nicolas Hamel, géomètre-arpenteur à Grandcamp.

LIVET-SUR-AUTOU

5 déc. 1790, Il est accordé au greffier 3 sols par feuillé pour l'enregistrement et l'écriture des proclamations, etc.

30 août 1791. Inondation des moulins appartenant à la nation.

1792. Principaux propriétaires: MM. de Margeot ; Bonnet de la Tour; de Trémauville; de Bellemare d'Ocquenville.

20 mai 1792. Organisation de la garde nationale ; refus de reconnaître M. Dumont, nommé commissaire par le directoire du district; la municipalité propose le sᵗ De la Tour de St-Cir, ancien grenadier.

10 floréal an XI. Charles de Margeot & Louis-Maurice de Margeot, père et fils, vendent le domaine de Livet à Cambacérès second consul. Le château n'existait plus.

1808, Il n'y a point de maison commune.

22 sept. 1817, Le Roux, Charles-Nicolas est autorisé à tenir l'école primaire et salariée.

1826. Les neveux et héritiers de l'archichancelier Cambacérès vendent le domaine de Livet à M. Jean-Baptiste-François-André Rondeaux, négociant à Rouen.

1833. Il n'y a pas d'école; les enfants vont à St-Grégoire et à Freneuse.

1834. Il n'y a ni biens communaux ni école ; réunion scolaire demandée à Brétigny et à Neuville.

1881. Construction du château actuel. Architecte: M. Lisch, inspecteur général des monuments historiques.

MALLEVILLE
MORSAN
(Notices spéciales en préparation.)

NEUVILLE-SUR-AUTOU
1610. Premier registre paroissial.
1777. Décès de Philippe Talbot, curé.
1790. Jacques Deriot, 66 ans 1|2, curé depuis 13 ans. Revenu : 2,433 l., charges à déduire, dont 1 vicaire et 2 chevaux.

NOTRE-DAME-D'ÉPINE
1651. Premier registre paroissial.
1653. Georges Berthelin, curé. Confrérie du Rosaire
1602-1702. Jacques Fourquemin, curé ; 53 ans, inhumé, le 27 avril, dans l'église,

présence de Guillaume Motte, vicaire de Salerne, Jacques Racine, vicaire de Neuville, Dirlande.

1692. Gilles Davoult, prêtre, témoin aux inhumations.

« Les chesne et le sapin le long du mur du bout de la maison ont esté plantez le 5e mars en l'an 1691. »

« En l'an 1696, la tour qui estoit placée au milieu de l'église... fut mise au bas de la mesme église.

1702. De Montgouber, vicaire.

1702-1725. Nicolas Delamare, curé ; inhumé le 19 avril, dans le chœur, par M. Barbe, curé de St-Etienne-l'Allier et doyen de Cormeilles ; témoins : Marette de la Garenne, curé de Morsan ; R. Vauquelin, curé de Neuville, etc. — Fr. de Trousseauville, desservant, puis B. Vicquesnel.

1726. François-Etienne Le François, curé.

1740. Jacques Delaunay, vicaire.

21 déc. 1743. Nomination d'un sindic pour faire les fonctions attachées à cette charge ainsi que pour recueillir le dixième denier.

1757. Duval, vicaire.

1758. Erection, dans le cimetière, d'une grande Croix en grès. Christ gravé à même et inscription sur le socle. Duhamel, trésorier.

1763. Varin. 1766. Leloup, vicaires.

9 oct. 1768. Inh., dans le chœur, du curé Lefrançois, 84 ans, par le curé de St-

Jean, doyen de Cormeilles. Témoins : les curés de Giverville (Auber) ; de Morsan ; de St.-Victor-d'Epine (Le Cordier) ; de Neuville (Roger), etc.

1768, août, Pierre Le Loup, curé. De 1781 à 1791, il prend le titre de seigneur du noble fief de la Rivière et signe Le Loup de la Rivière.

1790, 4 déc. Régistre des délibérations. Piquot, vicaire.

4 mars 1791. Délibération pour acheter 1 tambour et 2 « piphres » sur les deniers de la fabrique.

18 avril. La garde nationale fait le service dans l'église, pendant les offices à l'effet de maintenir le bon ordre.

6 juin. Arbre de la liberté ; contestation pour le fond choisi.

5 juillet. La garde nationale monte la garde dans l'église.

31 juillet. Le curé Le Loup déclare posséder 3 fusils et 2 pistolets de poche.

30 sept. Le curé et les officiers prêtent serment. Arbre de la liberté.

15 avril 1793. Décès du curé Le Loup ; Thomas-François Le Loup, curé de Selle, son héritier.

16 avril. Les officiers municipaux se chargent de l'argenterie de l'église.

2 juin. Marie-Adrien Renard, desservant, prête serment, 1er déc. Il exerce.

2 nivôse an 2. Inventaire pour le brûlement des titres féodaux de Morsan.

St-CYR-DE-SALERNE

1616. Premier registre paroissial.

1616. Anthoine de Bellemare, esc', s'
de St-Cir.

27 avril 1637 Un enfant mâle est trouvé dans la cour de Jacques Bérenger, lequel étant porté d'un amour charitable prie le curé de donner le baptême au dit enfant.

1645. Etienne Lecacher, curé.

La 13e de septembre 1650 fit une grande impétuosité de vent telle qu'on osoit se descouvrir à la campaigne, et fit tomber grande cantité de maisons et autres, en sorte que Anne De la Court .., allant pour cœuillir du bois rompu et abattu en son bois du Cormier (?) fut entièrement tuée et massacrée d'une branche de chesne qui luy cassa la cervelle sans elle peust prononcer une seule parolle, et fut enterrée le lendemain... en l'église...

27 mars 1654, décès de Colette Sement, enterrée le lendemain, en l'église, par les nobles charités de Boessy et St-Victor ; le 26 avril précédent, elle aumosna au trésor de céans un petit lieu avec une maison... ; on s'est submis et obligé de lui dire et célébrer des messes... — 1663. Fieffe de cette masure et maison pour 8 l. de rente.

2 nov. 1655. Guy Bérenger, vicaire, est inhumé, dans l'église, par 4 nobles Charités, après avoir délaissé au trésor une vergée de terre sise à Berthouville, à char-

ge de prières.

1640. M⁶ Jean Marabout donne une pièce de terre à charge de prières.

1ᵉʳ nov. 1680. Francˢ-Philémon de Bellemare aumône une pièce de terre sise au triage des Loges, à charge de prières.

23 août 1673. Eustache de Rôtes donne 27 l. pour le même objet.

4 nov. 1679. Fondation par M. le président Philémon du Plessis.

1671. Louis Lesage, curé. — Dˡˡᵉ Gabrielle de Bellemare.

30 mai 1683. Nicolas Etard donne une vergée de terre à charge de prières.

Dimanche 3 févrʳ, à la sortie des vêpres, ont été fiancés, en l'église, Alexandre de Picory, escʳ, sʳ de Vilez de la paroisse de la Cambe, et Gabrielle de Bellemare, fille de feu François-Philémon, escʳ, sʳ de St-Cyr, et de Anne de Malortie, après 3 baons de mariage.

27 nov. 1695. Assemblée des paroissⁱ pour cueillir les deniers de l'ustancile et fourrages pour la subsistance des troupes de cavalerie.

11 mars 1696. Pouvoir est donné par les paroissiens de poursuivre en justice et adjourner par devant le subdélégué la veuve de Jacques Mille et ses garçons, pour, la dite veuve, se voir condamner à représenter son fils soldat de milice.

18 juillet 1697. Visite du grand-archidiacre de Lisieux ; il lui est représenté que la croix du cimetière était rompue et par

morceaux ; il enjoint au trésorier d'en faire faire une, comme aussi d'acheter des vases d'argent pour mettre les saintes huiles, et fera de plus acheter un manuel de Lisieux sinon un romain. Auguste Cauvin est nommé principal trésorier en remplacement de Gabriel Plessis ; Michel Renard, second trésorier ; Catherine Dubust est désignée pour « cueillir » la Vierge.

6 juillet 1700. Fondation par Jean Duvivier pour des prières.

1er août 1700. 3 personnes déclarent avoir à déposer sur l'anathème lu par le curé.

9 juin 1702. Constitution de 2 l. 10 s. de rente par Charles-Adrien Legrix, écuyer, sr de la Fontelaye, pour avoir séance en un banc dans l'église, devant l'autel de St-Nicolas.

11 sept. 1702, Visite de l'église par le curé de Berthouville, commis à cet effet.

1703. Gabriel Plessis, syndic.

14 juillet 1704. Visite de l'archidiacre ; il ordonne de faire faire un coffre fermant à 2 clefs pour mettre les titres du trésor ; il enjoint au trésorier de peser les cierges lorsqu'il les apportera.

6 mars 1707. Fieffe d'une pièce de terre au Bocage, contenant 50 perches, pour 6 l. 15 s.

1704. L'évêque ordonne qu'il sera fait une contretable au chœur.

11 déc. 1705. Inh. de Gadriel Le Monnier, curé.

1708. Louis de Bellemare, curé.

20 avr. 1722. Le trésorier est autorisé à faire réparer la tour, à acheter un devant d'autel et un chasuble violet. — 13 déc. Prévoyant la diminution des espèces, les paroissiens consentent que le trésorier mettra aux mains du curé la somme de 90 l., pour être employée à acheter une chasuble violette avec un devant d'autel de camelot, conformément au certificat précité. — Lemire, vicaire.

Ce jourd'huy 30 octobre 1729, la bénédiction de la première cloche de la paroisse a été faite par Jacques Lemire, prêtre, desservant de la dite paroisse, pour l'absence de Mr Ragaigne, curé de la paroisse, laquelle a été nommée Genefiefve-Françoise par messire Léon-François Housté, chevalier, seigneur de Lamberville, de Boissy et autres lieux, conseiller du roy en la grande chambre du Parlement de Normandie, et par noble dame Genefiefve Amyot veuve de haut et puissant seigneur messire François de Sens, chevalier, seigneur et marquis de Morsan et autres lieux, en son vivant conseiller du roy en son grand conseil.

11 févr 1731. Joseph Desrue, prêtre, donne 280 l. au trésor, à charge de prières

30 janv 1738. Obligation de prières pr Nicolas de la Cour, curé d'Aclou.

24 janv 1751. Le trésorier est autorisé à payer la somme de 90 l. faisant moitié de celle de 180 l. promise à Jacques Maro-

quesne, de Chambrais, pour fourniture
d'une Croix de grez, suivant le marché
fait le 6 décembre 1750.

2 mai. Délibération pour faire apporter
la croix du cimetière : Filocques, Duplessis, Delacour et Desrues s'en chargent p^r
4 charrettes ; en outre il est convenu que
celui qui apportera le pied vertail aura la
somme de 3 l. en cas qu'à l'estimation du
maçon la charge soit plus considérable et
plus pesante. Le charroi devra avoir lieu
le 4 du présent mois.

16 mai. Assemblée pour cueillir la somme de 168 l. pour les réparations du presbytère et les murs du cimetière ; il est accordé à Jean Maroquesne, maçon à Chambrais, 30 sols par pied ; entendu que le
tout sera de même échantillon que les anciens chapiteaux... et s'oblige de les placer. — J Dupin, curé.

25 févr^r 1752. Le trésorier est autorisé
à acheter un encensoir d'argent avec la
navette, 1 plat bassin et 2 burettes du même métal... ; raccommodage des bancs de
l'église.

1784. Réparation du clocher.

1789. Nicolas-Jean Thuloup, 53 ans,
depuis 20 ans possesseur de la cure, laquelle rapporte 1665 l. ; charges, 370 l.

1793. Registre des délibérations. — 1er
janvier. Il est arrêté que le curé (Tulou)
fera le prône tous les dimanches, dans le
chœur ; il recommandera aux prières les
citoyens volontaires qui sont à défendre

là patrie et dira le De profundis et les deux oraisons à leur intention; il leur expliquera l'Epitre et Evangile; il leur fera lecture de la loi du   avril 1791 relative au respect dû aux juges et à leurs jugements, durant 3 dimanches... et recommencer par chaque année pendant 2 années; la grande messe sera sonnée par le clerc 3[4 d'heure, qui commencera à sonner à un quart moins de 10 heures pour finir le son à 10 heures et 1[2 du matin...
— Le curé déclare ne vouloir faire aucune réponse sur le présent arrêté.

11 janv^r. La municipalité fait le compte de la quête des trépassés; le produit,25 l. est remis au citoyen Jacques Roussel, maire, pour en faire acquitter des messes pour les trépassés.

18 janv^r. Inventaire des titres et meubles déposés dans l'église et la sacristie, conformément à la loi du 19 août 1792. Meubles: 14 aubes dont 7 à filet. 21 amits 7 surplis pour les clercs. 4 grande sappes de double-œuvre pour le grand autel. 16 autres nappes d'autels, plus 2 grandes et une petite pour la communion. 55 purificatoires. Une nappe imprimée sur le lutrin. 41 serviettes en toile et 3 sur les pierres bénites. 19 serviettes de double-œuvre 8 « imprimées. Une nappe en dentelle pour mettre sur les fonts, à Pâques. 5 essuis-mains. 21 maniturges. 6 devants d'autels de différentes couleurs. 2 petits «. 5 bourses de toile pour les calices. 5 paires

de couleurs. 14 corporaux. 1 drap de mort
4 lanternes en verre pour accompagner
le St-Sacrement. Une bière. — 2 calices
dont 1 vermeillé, avec leur patène et leur
étui. 1 soleil, Une petite custode. Les vases pour les stes-huiles. 1 encensoir avec
sa navette et sa cuiller. Une cuvette. 2
burettes. Une croix, le tout d'argent. —
Une lampe de cuivre. 1 bénitier de c. 1
autre de métail. 1 grand bénitier de bois
dans la nef. Une lampe de cuivre dans la
nef. Une bannière. Une petite clochette.
6 chandeliers de cuivre pour le grand
autel. 6 » de bois, tant pour les petits autels que pour les enfants de chœur. 1 antiphonier. 2 graduels, 1 grand et 1 petit.
3 missels. 4 processionaux. 2 rituels. 2
manuels. 2 chandeliers de fer. 2 plats de
cuivre et 2 d'étain. 2 armoires. 1 coffre fermant à 3 clefs. 1 dais en « floure » cra-
moisi avec ses « franches ». 2 niches pour
l'exposition du St-Sacrement. 16 Agnus.
3 chappes noires en grosse panne. 2 ornements complets au nombre de 6 chappes. 6 chappes blanches et 3 violettes. 4
chasubles rouges avec leurs ornements.
4 chasubles blancs, 2 verts, 2 noirs, 2 vio-
lets. 2 tuniques blanches, 2 noires, le tout
avec leurs ornements. 2 autres vieilles tuniques violet". 1 vieux chasuble. 2 étoles
doubles pour l'administration des sacre-
ments. 1 petit oreiller pour porter le livre
sur l'autel. 3 petites soutanes rouges pour
les enfants de chœur. 3 bonnets carrés

en houpe noire. Le grand autel et les petits autels garnis de leurs rideaux et ver-
gettes.

3 mars 1793. Les enfants de chœur
mettent le feu aux rideaux de l'autel.

St-PIERRE-DE-SALERNE

16 mars 1709. Dame Louise Despériers
veuve de feu Mre Jean-Baptiste Daudel,
esc^r, sgr de Goville, est inhumée dans le
chœur, par la permission de M^rs l'abbé et
révérents pères religieux de Préaux, sg^rs
et patrons de la paroisse, présence des
parents et héritiers, et du sieur de B·ay,
propriétaire de la terre de Goville.

1710. Dumaine, curé.

1737. Delamare, curé ; inhumé le 4 mars
1785, âgé de 82 ans.

1773. Bernais, vicaire, puis curé.

1790, 20 févr^r. 2 curés : Tulou et Bernais. — 1791. Bernais, seul curé jusqu'-
à fin septembre 1792.

St-VICTOR-D'ÉPINE

22 déc. 1669. Pierre Leseigneur, prêtre,
est inhumé en présence de Antoine de
Trousseauville, curé, et de Jacques Pre-
vost, prêtre.

1669. Simon Blin, curé de St-Victor.

16 avril 1693. Guillaume Brière trouve
sous sa porte un enfant femelle qui est
présenté, le dit jour, à l'archidiacre visi-
teur, pour être baptisé. — Baptême.

1750, 7 mai, 3 septembre. Délibérations pour les réparations du pignon de l'église, de la croix du cimetière. Il sera payé aux ouvriers 25 sous et aux charpentiers 20 sous par jour, parce que les paroissiens ne fourniront rien pour leur subsistance.

— 20 sept. Délibération pour continuer la réparation de l'église ; pouvoir est donné à un paroissien d'acheter du bois convenable pour achever de couvrir le dessous du clocher en essente.

4 juin 1752. D. pour la réparation de la couverture en essente de la nef et autres réparations de l'église ; pouvoir est donné au trésorier. Réparation du portail et pavage de l'église.

1786. Mgr Pierre-Augustin Godard de Belbeuf, cons^r du roi en tous ses conseils prieur commandataire du prieuré royal de St-Martin de Bellencombre, évêque et baron d'Avranches, aussi baron haut-justicier de St-Philbert-sur-Risle, seigneur et patron de St-Victor-d'Epine, Freneuse et autres lieux, abbé de l'abbaye de Bonneval-en-Bausse.

1788. Registre de la municipalité.

1790. Le curé, âgé de 53 ans, exerce à St-Victor depuis 26 ans ; revenu : 2,800 l. ; il est pourvu depuis plus de 5 ans de la chapelle St-Nicolas, fondée en l'église paroissiale de St-Médard-d'Ancy-en-Thurache, diocèse de Laon ; charges : 380 l.

21 nov. 1790 Le Cordier, curé, est nommé maire ; il remercie et donne sa démis-

sion de cette fonction.

13 févr. S rment du curé et de Lefranc vicaire.

21 juin 1791. Philippe-Bruno Crespin, curé.

NOTES DIVERSES

1739. — Baux de l'abbaye du Bec. (Notariat de Brionne.)

6 mai 1692. Déclaration du curé de St-Taurin-des-Ifs, H. Gosse. — Le trésor est très pauvre. Il n'y a point d'église succursale, il n'y a qu'une chapelle appartenante à M. le marquis de Colincourt, joignante à sa maison, entretenue de couverture, mais au reste abandonnée et servant à des usages profanes. L'église principale est de plus en plus en décadence... Il n'y a qu'une aube... Le tabernacle ne vaut rien... Il n'y a pas de vicaire ni de clerc ; il y en a eu toujours un jusqu'à présent ; ce qu'on a payé pour le droit d'amortissement a empêché dorénavant qu'il y ait un clerc, il faut rendre auparavant l'argent emprunté. Le catéchisme se fait pendant l'avent et tous les jours du carême ; l'absence des enfans pendant les dimanches de l'année a obligé le sieur curé à n'y point faire le catéchisme, principalement en été et dans les grands froids de l'hiver. Le sieur curé fait l'école aux garçons et aux filles. Tous les paroissiens ont satisfait à leur devoir de chrétien.